THÈSE
POUR LA LICENCE.

L'ACTE PUBLIC SUR LES MATIÈRES CI-APRÈS SERA SOUTENU LE JEUDI,
14 JANVIER 1841, A DEUX HEURES,

Par Amédée-Gabriel HENNEQUIN, né à Paris.

PRÉSIDENT : M. PELLAT,

SUFFRAGANTS : MM. DE PORTETS,
ROSSI,
ORTOLAN, PROFESSEURS.
FERRY, SUPPLÉANT.

*Le Candidat répondra en outre aux questions qui lui seront faites
sur les autres matières de l'enseignement.*

PARIS,
IMPRIMERIE DE BÉTHUNE ET PLON,
RUE DE VAUGIRARD, 36.

1841.

A LA MÉMOIRE

DE MON PÈRE.

JUS ROMANUM.

De judiciis et ubi quisque agere vel conveniri debeat.

DIG., LIB. V, TIT. I. — COD., LIB. III, TIT. I.

Omnia judicia, ut apud Tullium legitur, aut distrahendarum controversiarum aut puniendorum maleficiorum causâ reperta sunt. Hinc duo oriuntur judiciorum genera, privatorum scilicet publicorumque; quorum de prioribus tantùm nobis tractandum est.

Imperium obtinente Justiniano, prisci judiciorum exercendorum ordines in desuetudinem abierant. Legis actiones, prioribus reipublicæ moribus consentaneæ, mutatâ republicâ fuerant eversæ. Diocletianus posteà Maximianusque imperatores formulas sustulere, quæ legis actionum vices exceperant. Quapropter quæ extraordinaria olìm dicebantur judicia usum communem invaserant; quod nos Justinianus ipse monet in suo Institutionum libro (1). Attamen etsi res, Imperatore auctore, ità se haberent, excerpta in Digestis jurisperitorum fragmenta, quæ eâ ipsâ excerptione legis auctoritatem obtinuerunt, formularum abolitum ordinem, et hanc præcipuam magistratum inter et judicem litis partitionem,

---

(1) ..., quotiens extrà ordinem jus dicitur qualia sunt hodiè omnia judicia. (§ 8, Iust. lib. IV, t. XV, *De interd.*

quasi vigentem adhuc ponunt. Quod nobis valdè mirandum videretur, nisi meminissemus civilia instituta, cùm ruunt, non penitùs evanescere, sed ex prolapsis antiquorum ædificiorum lapidibus nova suscitari.

Verùm inter illa jurisconsultorum fragmenta de judiciis, quæ temporis acti quasi vestigia solummodò jaceant, quæ autem vigeant ut leges secernere, res sanè ardua et etiam inter doctissimos dissensionis plena, quam aggrediendi non hîc locus est. Præcipuum nobis sorte incubuit onus disserendi : 1° qui in judicio sistere; 2° quæ res deduci in judicium possint; 3° qui magistratus conveniri debeant; 4° quomodò lis exerceatur; 5° quid sit judicis officium.

§ I. *Qui in judicio sistere possint.*

Qui litis domini sunt, aut ipsi, aut per verum procuratorem agere possunt.

Undè statuendum videtur omnibus patribus familiâs in judicio stare fas, filiis autem familiâs servisque nefas esse. Quod quidem non omninò nostro judiciorum ordini congruit.

Quibusdam etenim patribus familiâs, aliis perfectâ ætate, verbi gratiâ magistratibus majoribus (1), quamdiù munus suum gerunt, ob dignitatem publicam (l. 2, D. lib. ii, t. 4. *De in jus voc.*); aliis, ob ipsam ætatis infirmitatem, pupillis scilicet et minoribus viginti quinque annis, nisi adhibitis tutoris auctoritate aut curatoris consensu (l. 1, C. lib. iii, t. 6. *Qui legitim.*) judicio interdicitur.

Hæc de personis quæ sui juris; ipsi autem qui alieni juris sunt, ex certis causis, legitimam standi in judicio personam habent; et primùm nihil dubii quin in filios familiâs tàm ex contractibu⸗ quàm ex delictis actio competat (2).

---

(1) L. 48. D., h. t.— (2) L. 57. D. h. t.

Imò nec desunt actiones quas aut filius familiâs ipse, suo motu, libenter movet, aut ad quas exercendas ipsius requiritur consensus.

Etenim cùm castrensis et quasi castrensis peculii jura non acquirat patri (l. 4, § 1, D. lib. xlix, tit. 17 *De cast. pecul.*), in his causis pro patre familiâs ipse habetur; cùmque peculii adventitii proprietatem retineat, ut Justinianus instituit, usufructu patri concesso (l. 6, C. lib. vi, tit. 61. *De bonis quæ*), actiones quæ hoc peculium spectant, nisi consentiat nudæ proprietatis dominus, usufructuarius non movet.

Utiles quoque actiones, ex certis casibus, filius familiâs rectè intendit (l. 9, D. lib. xliv, t. 7. *De obl. et act.*). Quod quidem privilegium rariùs primo concessum, æquitate tandem strictum jus vincente, legis auctoritatem obtinuit. Hinc generaliter Ulpianus : In factum actiones etiam filii familiarum possunt exercere (l. 13, *ibid*).

Servis principis, extraordinario et, ut ità dicam, portentoso jure, irrogatum est, ut et conveniri et agere possint.

Quibusdam non omninò, sed inter se tantùm agere prohibetur. Lis etenim, cùm sit de personâ aut de bonis disceptatio, nulla nasceretur inter eos qui ejusdem familiæ sunt, non juris constitutione sed naturâ rei impediente, ut Paulus ait optimè : Quod non magis cum his quos in potestate habemus quàm nobiscum ipsi agere possumus, nisi ex illâ generali bonorum filium inter et patrem familiâs communicatione castrense peculium salvum emergeret; et nisi servus utilitatis publicæ (l. 1, C. lib. ix, t. 41. *De quæst.*) aut suæ libertatis causâ (1), (l. 4, 5, 19, D. lib. xl, t. i. *De manumiss.*) in pluribus casibus legitimam suprà herum indueret personam. Hinc filio familiâs adversùs patrem, servo adversùs dominum, certis ex causis, jus standi.

---

(1) L. 55. D. h. t. l. 67.

§ II. *Quæ res in judicium deduci possint?*

Tàm de reali quàm de personali materiâ in judicio contestatur, dummodò quod intendit actor non in futurum , sed jàm debeatur, nec plus minùsve re (1)', loco , causâ aut tempore petat ; secùs enim in pœnam plus petitionis incideret , cujus nimium rigorem Zeno et Justinianus Constitutionibus suis imminuerunt. (L. 2, C. , lib. iii , tit. 10 ; *De plus petit.*).

§ III. *De magistratibus conveniendis.*

Magistratûs munus duplex fuit, aut ut ipse judicaret, aut alterum judicare juberet, ut rectè in Legibus loquitur Tullius : juris disceptator, qui privata judicet , judicarive jubeat prætor esto ; juris civilis custos esto.

Ille autem magistratus quem actor adire debeat hâc generali regulâ secernitur : Actor forum rei sequitur (l. 2, C., lib. iii , tit. 13, *De jurisd.*); quod autem forum quatuor ex causis, ex domicilio scilicet , contractu , rei situ et maleficio constat.

A. *Ex domicilio.* Romæ omnium Romanorum commune est domicilium (l. 33, D, lib. i, tit. 1, *Ad munic.*). Undè , si quis extrà Romam sedem fortunarum suarum collocavit , duo domicilia habet, prius commune , posterius privatum ; quorum unum arbitrio suo actor eligit.

Qui tamen publico munere Romæ accersiti sunt privilegio revocandi domum suam fruuntur (2), in eo quidem quòd ante legationem legati, aut testimonium testes, aut provocationem in alteram litem rei contraxerunt. Illud autem reo non actori concessum est; Actor enim, etsi ob aliam causam agendam apud Romam venisset,

---

(1) L. 53. D. h. t.— (2) L. 2. § 5. l. 24. pr. D. h. t.

novum tamen judicium suscipere compelleretur; namque qui ipse agit cogitur se adversùs omnes defendere , nisi injuriam suam persequatur (1).

B. *Ex contractu*. Conveniri quis potest ubi contraxit aut quasi contraxit (2), et qui non convenitur ubi contraxit domum suam rectè revocat.

Soli legati, sui muneris favore et reverentiâ, non compellendi sunt ubi contraxerunt; imò etsi ipsi in aliâ causâ agant, non coguntur se adversùs omnes defendere, nisi ex quibus causis intrà legationis tempus contraxissent (3).

Ne autem hoc privilegium, quo egati jure præcipuo donati fuerunt, in totam jurisdictionis exemptionem abeat, si jus revocandi domum invocent, cavet prætor in judicio sisti; si autem actionis dies exitura erit, ne creditor lædatur, tùm primùm lis contestabitur (4).

C. *Ex rei situ*. Forum quoque competit ratione loci ubi res est quæ petitur, nisi actor malit convenire ubi reus domicilium habet.

Hæreditas res incorporalis, quamvis non sita sit, tractanda est ubi major pars rerum hæreditariarum deducto ære alieno jacet (5).

D. *Ex maleficiis*. Maleficia ubi commissa vel inchoata sunt, aut ubi reperiuntur qui criminis rei perhibentur, perficienda sunt. Hanc et ipsi legati legem subeunt, et ob delicta quæ aut ipsi aut eorum servi legationis tempore admiserunt , rectè provocabuntur (6).

Magistratûs autem est se competentem vel incompetentem pronuntiare, non litigatoris de jurisdictione judicare. Quicumque igitur ad prætorem vocatur primùm venire debet, ad alium forum clamaturus aut privilegia sua allegaturus (7).

---

(1) D. 22. D. h. t.— (2) L. 19. 45. 20. D. h. t.— (3) L. 25. D. h. t.— (4) L. 2, §§ 6, et 7. D. h. t.— (5) L. 50, § 1, D. h. t.— (6) L. 24, § 1. D. h. t. (7) L. 5. D. h. t.

§ IV. *De lite exercendâ.*

Etsi nobis proponatur quod in judicio potiùs quàm quod in jure agebatur, ne tamen posterior judiciorum pars obscurior esset, priori omnimodò prætermissâ, quæ attinent ad vocationem in jus, editionem, postulationem, et impetrationem actionis breviter percurrere decet.

Qui litem movet adversarium foris egredientem, non in domo suâ tutissimo refugio atque receptaculo sedentem, die postulationum convenit, atque ut se in jus sequatur admonet. Retractantem verò aut fugientem injectâ manu et uno ex occurrentibus intestato, ne injuriam facere arguatur, in jus ducit aut rapit.

Quòd si is à quo quid petebatur in domo suâ consultò latitaret, prætor ab actore interrogatus edicto jubebat invitum evocari, edictumque latitantis in limine, cum solemni vicinorum testatione, ponebatur. Si quidem evocationi non pareret, altera, imò et tertia mittebatur, antequàm bona ejus possideri et distrahi ultimo edicto juberentur.

Ubi vocatus in jus venit Actor, impetratâ loquendi veniâ, reo denuntiat quâ actione adversùs eum uti velit, magistratumque interrogat ut hanc in adversarium liceat intendere, eâque datâ, vades sive sponsores petit à reo, fore ut certo die se in jure sistat.

Die indè cognitionibus dicato, magistratus reos actoresque citari per accensum jubebat.

Utroque autem ante magistratum stante, actor reo interrogante actionis intentionem propriis formulis conceptam recitabat; reus contrà suas exceptiones, actor replicationes proponebant. Ut prætor audire cœperat, lis contestata dicebatur.

Dubium est inter prudentes an litis contestatio in jure aut in judicio interveniret, id est, an quæ in jure agebantur concluderet aut quæ in judicio aperiret. Ex litis contestatione plures oriebantur effectus,

— 9 —

quorum præcipui annumerandi sunt. Litigantibus primùm obligationem perpetuam parit quod erit judicatum præstandi ; ità ut per litis contestationem novatio inducatur, et quæ temporales erant obligationes, perpetuæ fiant, et quæ personæ inhærebant, ad hæredem transferantur (1). (L 13, D. lib. xlvii, t. 10, *De injuriis*.)

Imò qui litem, quam contestatus est, deserit desistere dicitur, et post tria edicta solet edicto peremptorio citari, et tùm lis dirimitur (2).

Pro naturâ causæ vel personæ, vel temporis, unum tantùm, aut duo edicta magistratus edit (3).

Plures sunt ab edicto peremptorio tuti ; pupillus indefensus, id est, qui curatorem non habet ; qui reipublicæ causâ abest ; qui adversâ valetudine laborat.

Conceptâ autem formulâ, actor pro naturâ actionis judicem, aut arbitrum postulat.

Litigantes de judicio sumendo conveniunt, et quem elegerunt magistratus addicit. Nisi conveniatur, magistratus judicem nominat: si nominatus rejiciatur, sortes ducuntur.

§ V. — *De officio judicis.*

Judicare munus publicum est. Nec ideò interest an in potestate aut sui juris sint judices. Plures tamen lege, naturâ aut moribus impediuntur ne judicent (4).

Alii judicandi muneris capaces, non debent ob ipsam causam judices dari (5).

Munus judicandi cùm sit publicum etiam invito incumbit, nisi judex datus excusationem habeat, et hanc re integrâ protulerit; nec enim facilè ad alium judicem transfertur judicium, nisi inci-

---

(1) L. 17. D. h. t.— (2) L. 10. D. h. t.; l. 68, 69, 70. D. h. t.— (3) L 72. D. h. t. — (4) L. 12, § 2. D. h. t. — (5) L. 47, 17. D. h. t.

dente morbo gravi et ferè insanabili, vel necessariâ profectione,
vel rei suæ familiaris periculo (1).

Judicio accepto, litigatores ipsi, aut eorum procuratores satis-
dationem præstant, actor judicatum solvi, procurator rem ratam
haberi.

His verò rebus omnibus absolutis, antequàm lis tractaretur, legis
observatio et judicii integritas per sacramenti solemnitatem serva-
bantur.Judex jurabat se ex lege judicaturum, actor se non calumniæ
causâ litem intendisse, reus se non calumniæ causâ inficiari. Quod
jusjurandum calumniæ juramentum dicebatur.

Judex non solùm de principali controversiâ, sed etiam de inci-
dentibus judicat. Officiumque suum est litem dirimere ; non de eâ
ad magistratum remittere, vel aliquid in suspenso relinquere.

Quod si dolo malo judicaverit, id est, gratiæ, vel inimicitiæ
se pronum dederit, judex litem suam facit, et litis æstimationem
solvere cogitur. Filius familiâs qui hanc culpam admisit, in peculii
quantitatem de litis æstimatione tenetur (2).

---

(1) L. 48, 18. D. h. t. — (2) L. 15. D. h. t.

DROIT FRANÇAIS.

DU DOMICILE.

Il y a entre le domicile et la demeure cette différence que la demeure n'implique nécessairement que le fait de l'habitation dans un lieu, et que de plus le domicile suppose la volonté d'habiter. La notion de domicile est donc complexe ; elle se compose d'un fait et d'une idée, et c'est précisément à cause de cette dualité qu'il est difficile de définir exactement le domicile. Les définitions essayées par les auteurs ont, selon nous, le tort d'être exclusives, de faire prédominer l'un ou l'autre des éléments dont le concours et l'équilibre constituent la notion qu'ils se proposent d'exprimer. Dire avec le conseiller d'état Emmery : (Exposé des motifs, séance du 13 vent. an IX.) « On entend par domicile le lieu où une personne, jouissant » de ses droits, a établi sa demeure, le centre de ses affaires, le » siége de sa fortune, » c'est ne tenir compte que du fait ; c'est de plus donner le signe de la chose pour la chose elle-même. Répéter avec un professeur allemand (1) : « Le domicile est le lieu où une » personne est sous le rapport de ses droits et de ses obligations

---

(1) Zacharie, *Cours de droit civil*, t. 1.

» réputée toujours présente , quoique de fait elle n'y réside pas, » ce serait prendre l'effet pour la cause.

Sous l'ancien droit français, lorsque la législation était multiple et sur plusieurs points contradictoire, la détermination du domicile emportait avec elle la décision des plus graves intérêts des personnes. Depuis qu'une loi uniforme a été donnée à la France, le domicile touche moins aux intérêts particuliers des citoyens et n'est plus, pour ainsi dire, que d'ordre public. Il ne fixe plus les droits et les devoirs de chacun, mais il indique le lieu où ces droits et ces devoirs doivent être exercés et remplis (1).

En principe général, chaque individu n'a qu'un domicile, quoiqu'il puisse avoir plusieurs résidences. (Tronchet, cons. d'état. S. du 16 fruct., an IX.) Les rédacteurs du Code civil ont repoussé la distinction admise par l'ancienne jurisprudence entre le domicile de droit et le domicile de fait, distinction trop fertile en fraudes et en procès.

Cette unité théorique n'empêche pas qu'en fait, le domicile ne puisse être divisé et posé en divers lieux , selon les droits dont il a pour objet de mesurer la sphère d'exercice. Nous n'avons à nous occuper ici du domicile qu'au point de vue des droits civils et politiques (2).

§ I. — *Du domicile civil.*

Le domicile ayant pour effet de déterminer le lieu où les droits doivent être exercés, les personnes qui ne peuvent agir que

______

(1) C. C., art. 74, 165, 234, 406.

(2) La loi du 21 mars 1852 (art. 6) règlemente le domicile en matière de recrutement. Voir aussi la loi municip. du 21 mars 1831.

sous l'autorisation, ou par le ministère d'un protecteur ou d'un administrateur désigné par la loi, doivent avoir le même domicile que la personne chargée de suppléer à leur incapacité légale (1).

La femme mariée, le mineur non émancipé et le majeur interdit ont donc un domicile fixé par la loi en raison de leur état civil, et qu'il ne leur est pas loisible de changer. Au contraire, les personnes qui jouissent de la libre disposition d'elles-mêmes, possèdent, en vertu de cette entière capacité, le droit d'établir leur domicile où bon leur semble ; de le changer ; de le transporter selon leur libre arbitre. Pour les uns, le domicile est nécessaire ; pour les autres, volontaire.

Toutefois, ce droit absolu n'a été reconnu par le Code qu'après une longue et vive discussion, soutenue dans le sein du conseil d'état. (S. du 16 fruct., an IX). Le premier consul insistait pour qu'on ne pût changer de domicile sans en avoir manifesté l'intention trois mois d'avance. Il alléguait à l'appui de sa proposition l'intérêt des créanciers dont les débiteurs de mauvaise foi pourraient dérouter les poursuites par des changements brusques et fréquents. Il avait surtout à cœur la cause du trésor contre les contribuables insolvables et nomades. Cependant Portalis et Régnier, par des raisons diverses, firent triompher le principe de la liberté individuelle.

L'acte déclaratif d'intention que le premier consul voulait imposer au changement de domicile ne fut pas admis. Le citoyen Mouricaut, développant la pensée de Portalis : « Forcer la résidence, ce serait » blesser la liberté, » s'exprima ainsi qu'il suit devant le tribunat : « Le Code n'admet aucune restriction à la liberté que chacun doit » avoir de se déplacer quand il veut, comme il veut, aussi subite- » ment et aussi fréquemment qu'il le veut. »

---

(1) Art. 108.

Le majeur est donc libre d'établir à son gré son domicile, mais il faut qu'il use de ce droit qui est aussi un devoir. N'avoir pas de domicile, c'est le commencement d'un délit, c'est l'un des caractères constitutifs du vagabondage.

Le domicile abandonné, quant à son établissement, au libre arbitre des personnes capables, affranchi de toute formalité et de toute condition légale, tombe donc tout entier, s'il y a contestation, dans le domaine du juge. La loi indique, il est vrai, au citoyen jaloux d'éviter tout débat, un moyen de prouver invinciblement son intention (1); mais c'est là une faculté qu'elle donne, ce n'est pas un devoir qu'elle impose.

Toutes les fois qu'il n'y aura pas eu de déclaration d'intention, la détermination du domicile appartiendra au juge. Dans deux cas seulement, l'intention paraît si évidente, d'après le devoir ou la nécessité, que la loi la suppose (2).

Hors ces deux exceptions, c'est au juge de décider, selon les circonstances de la cause et les présomptions qui en ressortent, si la personne a réellement fondé son principal établissement dans tel ou tel lieu : ici le juge devient juré. Domat (Droit public, liv. 1, tit. 16, § 3) énumère quelques-unes des circonstances qui peuvent être considérées comme des symptômes du domicile; mais plusieurs de ces indications sont vaines aujourd'hui, les mœurs dont elles sont tirées étant tombées en oubli.

L'exercice des droits politiques dans tel lieu ne doit pas être omis parmi les présomptions dont il faut tenir compte ; mais ce n'est pas un signe certain de l'intention comme les rédacteurs du projet du Code civil proposaient de le déclarer. On reconnut que

---

(1) Art. 104.
(2) Art. 107 et 109.

la France, sous la constitution de l'an VIII, n'offrant que quatre millions de citoyens actifs sur trente millions d'habitants, la présomption tirée du domicile politique n'embrasserait que le petit nombre. On objectait, il est vrai, que ces quatre millions de citoyens fixaient chacun le domicile d'au moins cinq personnes; mais le Conseil d'état s'arrêta à cette pensée qu'on ne pouvait baser une règle générale sur une exception, le droit commun sur le privilége.

Si le juge est libre de choisir la méthode qui doit le mener à la découverte du principal établissement, au moins les deux caractères qui le lui révéleront sont-ils exactement formulés. Nous avons dit que le concours du fait et de l'intention constituait le domicile. Il est bien entendu que cette intention sera expresse, positive, et constante. Sous cette condition, un jour d'habitation réelle suffit pour établir le domicile, qui survit à la plus longue absence, tant que l'esprit de retour subsiste.

Une seule exception a été apportée à la règle qui n'astreint à aucune condition de temps l'établissement du domicile (art. 74).

Les garanties de publicité requises pour la célébration du mariage eussent été facilement éludées, le droit de former opposition anéanti, s'il eût suffi de manifester l'intention de fixer son domicile dans un lieu et d'y résider en effet un seul jour pour acquérir le droit de s'y marier. La loi en laissant aux citoyens cette facilité, leur eût fourni bénévolement les moyens de se jouer d'elle. Il était donc de sa prudence d'imposer au citoyen qui veut contracter mariage dans une commune autre que celle de son domicile réel, la nécessité d'une habitation continuée pendant un certain temps. L'ancienne législation française exigeait, pour acquérir le droit de contracter mariage, dans une paroisse sise dans le même diocèse que la paroisse abandonnée, une résidence de six mois; d'un an, s'il s'agissait d'un autre diocèse; le Code civil ne demande que six mois.

On reconnaît aisément dans cette prescription une mesure d'ordre public, l'intention de garantir au mariage une publicité sérieuse. Il ne s'agit ici que d'un domicile improvisé en vue d'une union que l'on voudrait contracter au mépris de quelques-unes des conditions imposées par la loi au mariage. On ne saurait voir dans l'art. 74, je ne sais quelle entrave apportée à la liberté des citoyens. A quoi bon l'obligation d'un stage de six mois, si le citoyen se marie au lieu de son domicile réel? Pour s'être absenté pendant six mois ou plus, s'il n'a pas manifesté d'intention contraire, il n'a pas abdiqué son domicile; rien ne s'oppose donc à ce qu'il y exerce tous ses droits, et il pourra y contracter mariage, le jour même de son retour, s'il s'est conformé, du reste, aux volontés de la loi.

Les personnes qui jouissent du domicile volontaire, ont de plus le droit de le dédoubler, pour ainsi dire, par une fiction, de choisir pour l'exécution d'une convention, un domicile différent de leur domicile ordinaire.

Dans certains cas le dédoublement est forcé. La loi l'exige afin de simplifier et d'accélérer la procédure. Tel est l'objet du Code, en matière d'hypothèque (art. 2148 et 2156), de saisie, C. P., art. 559-584-634-37, d'emprisonnement (783-789), d'opposition aux scellés (977).

A part ces circonstances, les parties sont libres de choisir pour l'exécution d'une convention un domicile électif; ce qui revient à déroger aux règles ordinaires de la compétence et à se soumettre par hypothèse à la juridiction d'un tribunal différent du tribunal naturel.

En cas d'élection, le demandeur a le choix entre le domicile fictif, et le domicile réel du défendeur, à moins qu'il ne résulte de l'acte que l'élection a été faite en faveur du défendeur; car alors c'est une des clauses du contrat, et en cette qualité elle oblige même les héritiers du demandeur (C. c., 727).

Si nous avons bien fait comprendre les effets du domicile, on a pressenti que des règles de procédure se liaient à notre sujet. En effet, le principe de droit romain : *Actor sequitur forum rei,* est la loi la plus générale de la compétence en matière civile. Le Code ne déroge expressément à cette règle qu'en matière réelle, en statuant que le défendeur sera assigné devant le tribunal de la situation de l'objet litigieux.

Toutefois, cette exception n'a pas toute l'étendue qu'on lui suppose au premier abord. Les meubles n'ayant pas d'assiette, de siége fixe, de situation, les actions mobilières, même réelles, ne pourront être portées que devant le tribunal du domicile du défendeur. Il en sera de même à plus forte raison des questions d'état, quoiqu'elles ne soient pas personnelles.

En revanche, on signale une restriction à la loi qui détermine le tribunal compétent, en matière personnelle, par le domicile du défendeur, dans les règles spéciales qui, en matière de société et de succession, jusqu'au partage, veulent que les actions des tiers contre les associés et les héritiers, soient portées, non pas au domicile de ces derniers; mais dans le premier cas, devant le juge du lieu où siége la société; dans le second cas, devant le juge du lieu où la succession est ouverte. Nous n'apercevons pas là l'exception indiquée. Les actions ne sont intentées qu'indirectement contre les associés ou les héritiers. Le véritable défendeur, c'est la société, c'est l'hérédité que la loi ne peut saisir que dans le siége d'établissement ou d'ouverture. Une fois le partage consommé, l'hérédité, la société, ont disparu, il n'y a plus que des héritiers, des co-partageants, et la règle générale s'appliquera sans difficulté.

En matière mixte, la compétence du domicile du défendeur est facultative.

Nous savons en quel lieu le défendeur doit être assigné en exécution des obligations par lui contractées ; mais comment doit être rédigée l'assignation ? quelle est la forme de l'ajournement ?

L'ajournement a pour but de faire connaître à la personne, qui doit répondre à une demande judiciaire, l'objet du litige ; la personne qui provoque le procès ; le jour où il doit être débattu ; le juge qui est appelé à le décider. Les énonciations que contient l'ajournement se rapportent donc aux choses ou aux personnes.

En ce qui touche les choses, l'ajournement indique :

1° La date du jour où il est remis. Cette énonciation est essentielle, puisque l'ajournement interrompt la prescription, et fait courir les intérêts. La date prouve que l'assignation n'a pas été donnée, contrairement à la loi, un jour de fête légale ; enfin elle mesure le délai, qui varie selon le plus ou moins de distance qui sépare le défendeur du tribunal où il est assigné (1).

2° L'objet de la demande, l'exposé sommaire des moyens que le demandeur se propose d'employer ; en matière réelle, tous les renseignements topographiques propres à faire connaître l'héritage en discussion.

Les énonciations relatives aux personnes concernent :

1° Les deux acteurs principaux ; le demandeur signalé par ses noms, profession et *domicile*. Le défendeur, par ses noms et *demeure*. (Ces deux expressions devraient être transposées ; peu importe le domicile du demandeur, pourvu qu'il indique sa demeure ; au contraire, la demeure du défendeur n'intéresse pas l'ajournement ; c'est son domicile qu'il faut connaître, en matière personnelle.)

____

(1) Art. 75.

2° Les deux officiers ministériels, dont les services sont requis pour l'introduction de toute instance : l'avoué, constitué par le demandeur, sera désigné par ses noms et demeure ; l'huissier, chargé de remettre l'exploit d'ajournement aux signalements exigés de l'avoué, doit ajouter son immatricule.

Le rôle important que l'huissier joue dans l'assignation, la confiance que la loi accorde à ses déclarations, imposent à cet officier ministériel des soins précisés par les art. 61, 66, 67 et 71.

Les règles données par la loi sur la pose des assignations, sur le lieu où elles doivent être remises, sur la personne qui doit les recevoir, ont prévu tous les cas qui peuvent se présenter.

Les mesures particulières adoptées à l'égard des étrangers nous amènent à traiter la question de savoir si les étrangers non autorisés à résider en France, peuvent y acquérir un domicile.

Cette faculté que l'on conteste aux étrangers, nous semble de droit commun. L'ancienne jurisprudence l'avait reconnu. (Ainsi jugé par la Cour de cassation, an II, aff. Walsh Serrent.) Les articles 13 et 14 du Code civil, dont on argumente contre notre opinion, établissent, il est vrai, une distinction d'état entre l'étranger, autorisé à résider en France, et l'étranger qui s'y est fixé sans autorisation. Mais cette opposition ne tend qu'à leur attribuer des droits inégaux; elle ne refuse formellement à aucun étranger le droit d'acquérir un domicile en France ; c'est donc une question d'interprétation, et le juge devrait, selon nous, la résoudre dans l'esprit qui a dicté au législateur l'abolition du droit d'aubaine. D'ailleurs, quel est, après tout, l'effet principal du domicile ? Déterminer la compétence en matière personnelle ? Pourquoi donc la loi se montrerait-elle si jalouse d'un droit dont l'acquisition est utile à l'administration de la justice, et qui ne peut être que favorable aux intérêts des nationaux.

§ II. — *Du domicile politique.*

Dans les constitutions où le principe hiérarchique domine, les droits politiques sont distribués aux membres de la société, en échange des garanties qu'ils offrent, en proportion des intérêts qu'ils représentent. Au contraire, les constitutions démocratiques admettent que tout citoyen, indépendamment de la position qu'il occupe, en sa seule qualité de membre de la société, a le droit d'exercer une action sur le gouvernement. La constitution actuelle de la France restreint, il est vrai, l'application de ce principe ; elle impose certaines conditions à l'exercice du droit de suffrage ; mais à ses yeux, ces conditions ne créent pas le droit politique ; il est indépendant d'elles. Elles déclarent seulement l'aptitude à l'exercer ; et, comme ce droit est individuel, comme l'électeur le tire de sa propre personne, il est logique qu'il ne puisse l'exercer qu'une fois, dans un lieu déterminé.

Les anciennes lois françaises, fondées sur le principe hiérarchique, et mesurant les droits politiques d'après le rang social, n'étaient pas moins fidèles à leur esprit, lorsqu'elles permettaient aux ecclésiastiques et aux nobles qui possédaient des bénéfices et des fiefs dans différents bailliages de se faire représenter dans l'assemblée électorale de chacune de ces circonscriptions.

Ce droit, frappé par l'Assemblée Constituante du même coup que les ordres privilégiés, reparut avec la loi de 1820 qui, divisant la France électorale en colléges d'arrondissement et colléges de département, accordait aux plus imposés la faculté de voter, une première fois avec tous les électeurs, au chef-lieu d'arrondissement ; et de plus le privilége d'une représentation spéciale, au chef-lieu de département. La loi de 1831, corollaire d'une

charte nouvelle , devait abolir le double vote : tel est l'effet de
l'art. 12 , ainsi conçu : « Nul ne peut exercer le droit d'électeur
» dans deux arrondissements électoraux. »

Quant à ce lieu d'exercice des droits politiques , il peut être sé-
paré du domicile civil , mais non pas instantanément, par le seul
effet de la volonté du citoyen. Toutes les lois électorales ont reconnu la nécessité d'imposer un délai à la translation du domicile
politique d'un lieu dans un autre. La constitution de 1793 qui a pro-
digué le plus aveuglément le droit électoral , exigeait cependant
six mois de résidence : la loi qui nous régit a adopté le même
terme.

La déclaration de changement qui pour le domicile civil est facultative, devient ici indispensable. Dans quelles mains se fera-t-
elle ? La loi de 1827 qui , pour la plupart des dispositions régle-
mentaires, a servi de modèle à la loi de 1831 , répondait : Dans
les mains du préfet. Mais la commission de la Chambre des dépu-
tés, sous l'impression des plaintes qui s'étaient élevées contre l'in-
tervention des préfets en matière électorale, proposait de conférer
cette attribution aux conservateurs des hypothèques. Un député (1) objecta le peu d'analogie qui existe entre de pareilles fonc-
tions et les opérations électorales. La Chambre , sur l'amendement
d'un autre de ses membres (2) revêtit l'autorité judiciaire de la
mission enlevée aux préfets et soumit la double déclaration faite
au greffe à la nécessité de l'enregistrement.

Du reste , à la seule condition d'accomplir cette formalité , le
citoyen actif est libre de placer son domicile politique dans tout
arrondissement électoral où il paye une contribution directe. Ainsi
donc , il n'est pas nécessaire d'être propriétaire dans un arrondissement pour avoir le droit d'y voter. Un député (3) effrayé sans

(1) M. Pelet de la Lozère.
(2) M. Duboys-d'Angers.
(3) M. Gaetan de Larochefoucault.

doute de cette faculté donnée aux partis de se composer à loisir des majorités certaines, en sacrifiant tout-à-fait les colléges désespérés et en réunissant, par des translations de domicile faites à propos, dans un même arrondissement tous les électeurs sur lesquels ils pourraient compter, proposait de substituer dans le § I de l'art. 10, à la contribution directe en général la contribution foncière en particulier. Cet amendement fut rejeté comme contraire à l'esprit de la loi ; en effet, dès que l'on faisait concourir, pour la formation du cens électoral, tous les impôts qui frappent immédiatement sur la personne, on ne pouvait pas refuser aux locataires et aux patentés, pour l'attribuer exclusivement aux propriétaires fonciers, le droit d'établir où ils voudraient leur domicile politique.

Le paiement de la contribution directe dans un lieu étant la condition essentielle de l'isolement du domicile politique, il est évident que dès que cette condition s'évanouit, les deux domiciles se confondent, mais à part cette circonstance qui rend la réunion nécessaire, les domiciles une fois séparés sont tout-à-fait indépendants l'un de l'autre, et la translation du premier n'emporte pas le changement du second.

QUESTIONS.

La femme séparée de corps et de biens conserve son domicile chez son mari.

L'étranger peut, sans la permission du gouvernement, acquérir en France un domicile proprement dit.

Du véritable caractère des actions mixtes.

L'ajournement *pour comparaître dans le délai de la loi* est nul.

Le domicile de secours est soumis, quant à son établissement, à des règles toutes spéciales.

La délégation de contributions, autorisée par l'art. 8 de la loi électorale de 1831, est en opposition avec les art. 1 et 12 de cette même loi.